Norbert Golluch

Der Stier sieht niemals rot

Bibliografische Information der Deutschen Nationalbibliothek:
Die Deutsche Nationalbibliothek verzeichnet diese Publikation in der Deutschen Nationalbibliografie. Detaillierte bibliografische Daten sind im Internet über http://dnb.d-nb.de abrufbar.

Für Fragen und Anregungen:
info@rivaverlag.de

1. Auflage 2018

Nymphenburger Straße 86
D-80636 München
Tel.: 089 651285-0
Fax: 089 652096

Es handelt sich bei diesem Buch um eine überarbeitete Neuausgabe des Titels »Quatsch-Horoskop« von Norbert Golluch, erschienen 1990 im Eichborn Verlag.

Redaktion: Christiane Otto
Umschlaggestaltung: Laura Osswald
Umschlagabbildung: Shutterstock/Danilo Sanino, iStock/macrovector
Satz: Daniel Förster, Belgern
Druck: CPI books GmbH, Leck
Printed in Germany

ISBN Print 978-3-7423-0288-5
ISBN E-Book (PDF) 978-3-95971-762-5
ISBN E-Book (EPUB, Mobi) 978-3-95971-763-2

Norbert Golluch

Der Stier sieht niemals rot

DAS GNADENLOS EHRLICHE HOROSKOP

riva

Inhalt

Steckbrief

Der phlegmatische Stier

21. April – 20. Mai

Element: Erde
Planet: Venus
Metall: Kupfer
Farbe: Rosa
Edelstein: Smaragd, Achat, Carneol, Rosenquarz, Rhodonit
Magische Zahl: Sechs
Tag: Freitag
Tier: Stier
Pflanze: Spinat
Blüte: Rose
Ideale Nahrung: Weintrauben, Äpfel und Weizen
positiv: einfach gestrickt, supergeduldig, überaus praktisch, total loyal
negativ: unsensibel, stur, einfältig, einmal in Rage gefährlich aggressiv
Themenkreise: Handfestes, Greifbares, Körperliches (auch körperliche Rundungen), Sicherheit, Häuslebauen

Der Standardtyp

Stiere sind gedrungen, geradezu kompakt gebaut. Dazu ziert sie eine breite Stirn und ein großer Kopf auf kurzem, dickem Hals. Wenn Sie sich einen Neandertaler vorstellen, liegen Sie ganz richtig. Stier-Frauen sehen immerhin mit schönen, sanften Augen in die Welt.

Aber lassen Sie sich nicht täuschen - die meisten Stiere sehen heutzutage ganz anders aus und verbergen ihr wahres Ich hinter einer harmlosen Maske - alles Tarnung!

Der Charakter

Stiere tragen eine beachtliche Liste positiver Eigenschaften mit sich herum - offen, ehrlich, unbekümmert und treu wollen sie sein. Die Fähigkeit, den Alltag zu meistern und entschlossen zuzupacken, wird ihnen ebenfalls zugeschrieben. Über eine an sich gute Eigenschaft verfügen Stiere tatsächlich: über große Ausdauer. Sie sind mit großer Ausdauer naiv und weigern sich ausdauernd, etwas dazuzulernen. Wie auch - lieben Stiere doch Bequemlichkeit, Ruhe und leichte Vergnügungen. Zusammenfassend lässt sich sagen, das Stiere unglaublich naive Dummbeutel sind.

Ferdinand der Stier ist nicht umsonst ein Stier. Stiere haben in der Hauptsache zwei Gemütszustände: Entweder sitzen sie selbstzufrieden und melancholisch herum und schnuppern an Blumen oder sie schlagen alles kurz und klein, wenn ihnen etwas gegen den Strich geht.

In der Regel ziehen Stiere allerdings den ersten Gemütszustand vor, denn nichts ist ihnen wichtiger als Bequemlichkeit, Zufriedenheit und die guten Dinge des Lebens. Dabei neigen sie besonders zu Beharrlichkeit und Zuverlässigkeit, oder anders gesagt: Wenn sie einmal mit dem Hintern im Sessel sitzen, sind sie schwer wieder hochzubringen.

Stiere sind praktisch veranlagt und verstehen es, ihren Alltag zu regeln. Sie sind immer und überall mit einem Schraubenzieher oder einer Rohrzange in der Hand anzutreffen und reparieren noch den Abfluss in der Küche, wenn draußen ein Atomkrieg tobt. Derartige Blindheit nennen sie zweckgerichtetes Handeln und rechnen es sich hoch an. Überhaupt tun Stiere, wenn sie überhaupt etwas tun, mit aller Entschlossenheit das Falsche. Sie halten sich eben für geschickt in den kleinen praktischen Dingen des Alltags und verlieren dabei den großen Zusammenhang meist völlig aus den Augen.

An Selbsterkenntnis oder tieferem Lebenssinn ist Stieren wenig gelegen. Hauptsache, die Krippe ist voll und die Zinssätze stimmen.

Das Phlegma des Stieres ist in mancher Hinsicht beachtlich; weniger das Tempo ihrer Gedanken. Wenn Sie Ihren Kindern einmal in Zeitlupe vorführen wollen, wie der Groschen fällt, stellen Sie einem Stier eine einfache Rechenaufgabe, zum Beispiel 2 + 5 x 6. Dann schauen Sie genau auf Ihre Uhr ...

Schon nach etwas sechs Minuten zeigen sich erste Anzeichen, dass der Stier einen Lösungsweg gefunden haben könnte ...

... und schon nach einer Stunde können Sie mit dem (vermutlich sogar richtigen) Ergebnis rechnen. Wie ein Wunder besonderer Art allerdings wirkt es, dass Stiere Rechenaufgaben mit Euro-Angaben in vieltausendfacher Geschwindigkeit lösen können – für (2 Euro + 5 Euro) x 6,5 Prozent x 24 Monate brauchen Stiere keine Zehntelsekunde. Inklusive Zinseszins. Deshalb sind es bei allem Phlegma auch nicht die Stiere, die sich beim Millionenquiz eine ganze Sendung lang in Zögerlichkeit oder Denkfaulheit breit machen und alle anderen Kandidaten blockieren. Schließlich geht es ja um Geld!

Um das Maß an schlechten Eigenheiten vollzumachen, verfügen Stiere auch noch über einen abgrundtief miesen Kunstgeschmack. Sie nennen die unsäglichen, die Netzhaut peinigenden Orgien in Öl und Essig, welche die Wände ihres Heimes verschönen, »farbenfrohe Bilder«. Den unbeteiligten Betrachter trifft augenblicklich der ästhetische Schlag, wenn er den Raum betritt. Was Wunder, dass der Musikgeschmack von Stieren ähnlich ist. Der letzte Schmachtfetzen erfreut das unbedarfte Ohr von Stieren, die Chopin nicht von Avantgarde-Jazz und Avantgarde-Jazz nicht von einer muhenden Kuh unterscheiden können. Wie auch? Und, ist eine muhende Kuh für einen Stier nicht das Schönste auf der Welt?

Der Lebenslauf

Er ist vor allem eines – langweilig. Weil er seinen Lebensweg stur wie ein Panzer und flexibel wie ein Betonpoller geht, ist von vorneherein klar, wohin er kommen wird. Eine einmal eingeschlagene Richtung behält der Stier bei – komme, was da wolle. Weil auf diese Weise alles bestens geplant ist, passiert auch nichts. Keine überraschenden Wendungen, keine schicksalhaften Ereignisse werfen Stiere aus der Bahn. Sie ignorieren sie einfach. Stieren gefällt dieser Zustand bestens.

Eine besondere Eigenschaft der Stiere: Wegen ihres besonderen Sicherheitsbedürfnisses denken auch junge Stiere vor allem immer an das eine: ihre zukünftige Rente. Vor dem Namen der Mutter kennen kleine Stiere die Telefonnummer der Bundesversicherungsanstalt; schon im Kindergarten zahlen sie die ersten Beiträge in die Riester-Rente ein und lassen sich mit sieben Jahren erstmals ihren Rentenanspruch errechnen. Das sagt alles.

Die glücklichen Jahre

Die besten Jahre des Stieres liegen zwischen dem 31. und 45. Lebensjahr, weil in diesem Lebensabschnitt sein Auto noch nicht allzu groß ist und er es in die Garage fahren kann, ohne links und rechts anzuecken.

Stiere im Beruf

Stiere werden Diktator, Hausmeister, Börsen- und Immobilienmakler, Bauer, Wirtschafts- und Agrarpolitiker, Koch, Lagerverwalter, Gärtner, Antiquitätenhändler, Kassierer, Versicherungsvertreter, Bergbauingenieur, Apotheker, Lebensmittelhändler, Anlageberater und Fußpfleger – eine Auflistung, die ein weiteres Mal klarmacht, wozu Horoskope gut sind. Weiter richten Stiere als Juristen, Mediziner, Lehrer und Bankkaufleute riesengroßen Schaden an. Weniger schädlich sind sie in den Berufen Koch, Konditor, Bäcker oder Gastronom. Ein Stier-Wirt ist meist sein bester Kunde und ist weder von den Fleischtöpfen noch von den geistigen Getränken wegzubekommen.

Stier-Frauen eröffnen Modesalons, in denen sie die allerletzten Kutten zusammenflicken. Meist stehen sie auf die Farbkombinationen schwarz-weiß (holsteinisch) oder braun-weiß (süddeutsch). Andere Kühe sind in der Kosmetikbranche (Melkfett!) und in der Goldschmiedekunst tätig, wo sie an ihren rustikalen Piercings (Hufeisen, Gespannketten, Nasenringe) leicht zu erkennen sind. Auf jeden Fall haben die Damen einen Geschmack wie eine Kuh.

Wenn sich Stiere aufs Glatteis begeben wollen, ergreifen sie künstlerische Berufe. In völliger Selbstüberschätzung werden sie mit Vorliebe Sänger oder Sängerinnen oder Instrumentalvirtuosen. Andere Stiere werden Schriftsteller (Gnade!) oder Schauspieler (meist in Western als Teil der Herde).

Stier-Karrieren verlaufen nach einem 50-Jahresplan und enden erst in hohen Positionen. Mit der Position des Stiers wächst sein Automobil – Stiere beginnen beim Fiat 500 und enden erst beim 7-Meter-Cadillac, wenn sie können.

Das Geld

Wegen ihrer großen Willenskraft und Beharrlichkeit, die ihnen Planungen auch über viele Jahre hinweg erlaubt, bringen Stiere es in Gelddingen oft zu beträchtlichem Vermögen. Der Umgang mit dem Bankkonto ist für Stiere die reinste Orgie, Stiere sind in Hochstimmung, wenn sie Kontoauszüge lesen oder ihr Vermögen sichten. Ihr Verhältnis zum Geld ist ein derart erotisches, dass sie sich ihr Guthaben bei der Bank manchmal auszahlen lassen, nur um es wieder einmal in Händen zu halten – und um nachzusehen, ob noch alles da ist. Stiere – besonders mittleren Alters – ziehen die Knete an wie Magneten, weil ihre Dummbeuteligkeit und Naivität ständig mit Vertrauenswürdigkeit in Gelddingen verwechselt wird. Wenn es ein Stier, weiß der Himmel, wie, dennoch nicht schafft, wegen seines gutmütigen Gesichts reich zu werden, kriegt er später immer noch irgendwie den Dreh: Meist heiratet er reich. Alle greisenhaften texanischen Ölmilliardäre sind mit Stier-Damen liiert, alle reichen Frankfurter Börsenmaklerinnen halten sich Stier-Hausmänner.

Der finanzielle Rat von Stieren ist Gold wert. Weniger, weil Stiere über fundierte Wirtschaftskenntnisse verfügen. Nein, es ist ihr animalisches Gespür für die dicke Asche, ihre Nase für den ganz großen Reibach. Dennoch sind Stiere in Gelddingen nicht immer gute Berater: Der Starrsinn und die Dickköpfigkeit der Stiere führen in Krisenzeiten häufig dazu, dass ganze Vermögen von irgendeiner Inflation oder Börsenkrise hinweggerafft werden.

Das Automobil

Das Fahrzeug des Stieres wächst, wie gesagt, mit dem Wohlstand. Es sind nie elegante, schnittige Modelle, die Stiere bevorzugen, sondern immer eher das biedere, solide wirkende Vati-mit-Hut-Auto. Als solche sitzen die Stiere dann auch am Steuer. Lässt der Besitzstand es zu, wählen Stiere besonders große Automobile der Marken VW, Volvo und Mercedes, deren biederes Image ihnen besonders zusagt. Es darf aber auch ein großer Ford oder Opel sein. In einem Punkt möchten wir die Stiere allerdings in Schutz nehmen. Es ist ein Gerücht, dass Autos mit Hörnern an der Kühlerhaube immer von Stieren gesteuert werden. Meist sitzen andere Hornochsen am Steuer. Öko-Stiere hassen Autos und fahren am liebsten mit Opas Antikfahrrad zum Bioladen.

Die Schokoladenseiten

Neben ihrem erstaunlichen Phlegma zeichnet Stiere ein beneidenswert naiver Hang zur Heiterkeit aus. Stiere lachen gern und sind dabei auch mit den einfachsten Witzchen zu erheitern. Die deutsche Flachhumor-TV-Szene wäre längst pleite, die privaten Rundfunksender wegen fortgesetzter Umweltverschmutzung geschlossen und der Autor dieser Buchreihe wäre vermutlich schon verhungert, wenn es nicht Stiere gäbe, die für jeden noch so dämlichen Witz ein grölendes Gelächter übrig hätten. Auch Typen wie Mario Barth, Bully Herbig, Mike Krüger, Herbert Knebel, Dirk Bach, Otto, Atze Schröder, Maddin, Hans-Werner Olm (der Grotten-Olm des guten Geschmacks) und Cordula Stratmann leben vom ausgeprägt flachen Sinn für Humor, den Stiere an den Tag legen. Feinsinnigere Stiere lassen sich von Dieter Nuhr (*29.10.1960, Skorpion) oder Torsten Sträter (*4.9.1966, Jungfrau), der Mutter des intellektuell angeschwollenen Humors, erheitern.

Die Schattenseiten

Obwohl es scheinbar nicht zu ihrer lethargischen Art passt: Stiere müssen (als Erdzeichen) unentwegt in der Natur und im Freien sein. Da weder Wandern noch Bergsteigen noch irgendeine andere Aktivität ihrem faulen Wesen genehm sind, bevölkern sie in Unscharen jedes, aber auch wirklich jedes Gartenlokal. Es sind fast immer Stiere (gelegentlich auch Wassermänner), die ihre Tische im Lokal über Stunden besetzt halten. Es sind immer Stiere, die den letzten freien Platz wegschnappen und das letzte Stück Apfelkuchen wegfressen. In Gartenlokalen sind Stiere wirklich schlimmer als die lästigste Wespenplage.

Der reine Horror für Stiere – jedwede Form von Veränderung. Selbst Sonne und Mond sind dem Stier suspekt, weil sie einfach nicht stillstehen können. Und da wäre dann noch das Finanzamt. Schließlich muss es ja einen guten Grund dafür geben, warum Stiere immer so gut bei Kasse sind ...

Die Gesundheit

Gesundheitsgefahren gibt es für Stiere zuhauf. Vor allem ist es ihre unglaubliche Trägheit, die bei Stieren zu einem frühen körperlichen Verfall führt, wenn man sie nicht rechtzeitig in den Hintern tritt. Stiere sind so faul, dass sie lieber das Auto aus der Garage fahren, statt die 25 Meter bis zum Briefkasten am Gartentor zu Fuß zu gehen. Wenn Sie einem Stier gesundheitlich Gutes tun wollen – verstecken Sie seine Wagenschlüssel! Er wird es Ihnen eines Tages danken!

Obwohl von seiner Wesensart her eher zum Grasfresser bestimmt, ziehen Stiere saftige Braten, Koteletts, Schnitzel, Steaks, Rehrücken und Putenschenkel jedem Gemüse vor – und das in Riesenportionen! Was wundert es, dass sie an Gicht und hohem Blutdruck erkranken? Ein sicherer Schutz dagegen: Servieren Sie dem Stier einfach die Hälfte von allem, zur Not auch auf einem kleineren Teller. Das Stück Fleisch sieht in Relation zu seiner Unterlage ebenso groß aus – das genügt dem Stier. Weitergehende Zusammenhänge rafft er nicht.

Wenn man Stieren die Ohren zu sehr vollmuht, neigen sie dort zu Entzündungen. Auch an Rücken und Schultern sind sie empfindlich, vermutlich wegen des Jochs, das ihresgleichen Jahrtausende lang tragen musste.

Dass Stiere im Rachenraum sehr empfindlich sind, wissen sie zumeist. Doch statt sich zu schonen und etwas weniger herumzubrüllen, bekämpfen sie ihre Anfälligkeit lieber mit scharfen Schnäpsen. Da sie diese Getränke meist so scharf wählen, dass jede Bakterie freiwillig abnippelt, hilft diese Rosskur auch meist gegen Halsinfektionen. Ein paar Etagen tiefer allerdings kreischt die Leber verzweifelt auf, die eh schon unter Fettmassen von der letzten Mahlzeit zu ersticken droht. Aber so sind Stiere. Immer müssen sie das Kind mit dem Bade ausschütten.

Ebenso langsam, wie Stiere denken, reagiert ihr Körper auf Umstellungen. Es ist längst wieder Frühling, bis sich der Körper eines Stieres auf die Winterkälte eingestellt hat. Das macht aber nichts, denn bis die Kältesignale von den

Nervenenden das Gehirn des Stiers erreicht haben, ist es tatsächlich schon wieder Winter. Anders gesagt: Der Körper von Stieren reagiert mit exakt einem Jahr Verspätung.

Das Lieblingsgetränk

Das Lebenselexier des Stieres ist – das folgende Kapitel wird zeigen warum – der Magenbitter. Überhaupt ist der Stier ein großer Schnapstrinker. Grundregel hier: möglichst alt, kalt und alkoholisch. Erst wenn der Atem am Glas gefriert und kurz darauf im Magen ein Vulkan explodiert, ist der Stier zufrieden.

Unter den heißen Getränken ist der Grog der Favorit, weil er das schwere Blut von Stieren so richtig schön in Wallung bringt.

Aquavit, alle Sorten Körner, Gin und Absinth gehören zu den kalten Lieblingsgesöffen männlicher und weiblicher Stiere. Auch ein zischend-kühles Bier kann ein Stier-Mann nicht stehenlassen.

Das Lieblingsgericht

Stiere essen nicht – als echte Rindviecher fressen sie. Dabei stehen sie auf deftige Hausmannskost, die sie in ungeheuren Mengen vertilgen. Speisen, welche vor lauter Kaloriengehalt die Magenwände ausleiern, die Gallenblase zum sprudelnden Geysir werden lassen, die Leber noch bis in die dritte Generation schädigen und den Darm vor lauter Verdauungsarbeit aufstöhnen lassen, stehen auf der Speisekarte von Stieren ganz oben. Was nicht in purem Fett schwimmt, kann gar nicht schmecken. Typische Stiergerichte: Eisbein mit Knödeln und Sauerkraut; Sauerbraten vom Pferd und sogar Rindsrouladen, womit sie des astrologischen Kannibalismus überführt sind.

Stiere essen übrigens mit einem beachtlichen Phlegma. Sie kauen weiter, wenn rund um sie herum eine Massenschlägerei tobt oder das ganze Lokal bei einem Erdbeben in einer Erdspalte versinkt.

Stiere ziehen kleine, intime (Fr)Essgemeinschaften der ganz großen Tafelrunde vor. Bei solchen Massenveranstaltungen plagt sie dermaßen der Futterneid, dass sie sich a) zuerst völlig überfressen und danach b) vor lauter Ärger darüber Magengeschwüre bekommen.

Das bevorzugte Lokal

Klar, dass es deftige, nach Schlachtfest und Räucherkammer riechende Restaurants sind, in denen Stiere sich gegenseitig auf die Hufe treten. In solchen Lokalen weichen sogar Wassermänner vor den Stieren zurück: Wo so angestrengt abgebissen, gekaut, verschlungen und verdaut wird, ist für den Gesellschaft und Gespräch suchenden Wassermann kein Raum.

Stier-Lieblingslokale sind für den Außenstehenden besonders leicht zu erkennen: schon im Eingang schlägt einem unerträglich intensiver Küchenduft entgegen. Tische und Stühle sind mit einer dünnen, leicht ranzigen Fettschicht überzogen und die Fliegen sind besonders wohlgenährt ...

Das Lieblingstier

Das Kuscheltier des männlichen Stieres ist die Kuh. Das Lieblingstier der Kuh wiederum der Bulle (da kommt es auf Sternzeichen nicht so sehr an). Alle anderen Tierarten, die nicht »Muh!« machen können, sind Stieren unsympathisch, weil einfach zu exotisch. Man könnte annehmen, es würde durchaus genügen, wenn es auf der Erde nur eine Tierart gäbe.

Die Sportart

Die Favoriten von Stieren und ihren Kühen sind Ringen, Boxen, Gewichtheben und Catchen, sowohl aktiv als auch als Zuschauer – in den meisten Fällen als Zuschauer. Dabei kommen ihnen ihre erstaunliche Robustheit, ihr beharrendes Phlegma und die anspruchsloser Verstand bestens zugute. Weibliche Stiere haben eine deutliche Abneigung gegen Melkwettbewerbe.

Das Smartphone

Es dauert zwar etwas, bis sich ein Stier im Laufe seines Lebens entschließt, ein Smartphone zu benutzen, doch dann ist die Begeisterung für die fortschrittliche Technik groß: Wie sonst könnten Stier-Menschen ihre regelmäßigen Ausflüge aufs Land fotografisch dokumentieren und ihrer Herde (= Freunde online) zugänglich machen? Auch verlaufen sich deutlich weniger Stiere auf ihren Wanderungen, seit es Mobiltelefone mit Navigationsfunktion gibt. Außerdem kommen die verschiedenen Ordnungsfunktionen – Kalender, To-do-Listen, Einkaufslisten, Sprachmemo, Kalorienzähler – den Lebensvorstellungen von Stieren sehr entgegen.

Online

Im Internet richten sich Stiere ein wie in ihrem Zuhause. Ihre kleine, aber feine Homepage pflegen sie wie ihren Kräutergarten. Netzwerke, denen sie einmal beitreten, bleiben sie ein Leben lang treu. Die Zahl ihrer Online-Freunde ist ebenso überschaubar wie die in ihrem realen Leben. Ihr Kommunikationsverhalten ist freundlich und einfach, in manchen Punkten können sie Witz und Ironie im Netz nicht folgen – unter anderem sind sie zu langsam. Auf Cyber-Mobbing reagieren sie zuerst dickfällig, bei allzu viel Penetranz aggressiv bis hin zu körperlichen Gegenmaßnahmen in der realen Welt. Und es ist kein Spaß, einen Stier zum Gegner zu haben.

Das Lieblingsbuch

Stiere brauchen was fürs Herz und wollen sich identifizieren, denn sie können sich wunderbar in die Helden ihrer Geschichten hineinversetzen. Sie wollen mitlieben, mitleiden und miterleben. Ob ein Buch ein Happy End hat oder tragisch ausgeht, ist ihnen egal. Hauptsache Gefühle, die im alltäglichen Leben für Stiere so schwer zu erreichen sind. Deshalb kann man auf dem Nachttisch eines Stieres unterschiedliche Bettlektüre finden: Historiendramen, Herzschmerz-, Sado-Maso- und Vampirromane.

Der Lieblingsfilm

Darstellerinnen mit fülligen Formen à la Jennifer Lopez oder Catherine Zeta-Jones turnen Stier-Männer an. Die absoluten Hammerfilme aller Stier-Großväter und -Urgroßväter sind die Zelluloiddramen von Russ Meyer. Nirgendwo sonst können sie so schöne große Euter sehen. Frauen lieben Leinwanddramen mit Jean-Claude Van Damme, Gouverneur Schwarzenegger und ähnlich gemütvollen muskelbepackten Bullen.

Die TV-Lieblingsserie

Rosamunde Pilcher und Katie Fforde haben einen festen Stamm von weiblichen Zuschauern aus dem Sternzeichen Stier. Männer schauen sich so etwas nur an, wenn Sophie Schütt im Bikini (oder ohne) mitspielt. Dem Ruhebedürfnis des Sternzeichens Stier kommen Sendereihen wie *Deutschland von oben* sehr entgegen, in denen außer massiven Attacken von Heimatgefühl eigentlich nichts weiter ausgestrahlt wird. Auch der *Bergdoktor* und ähnlich Provinzielles dürften gefragt sein. Ein bisschen *Gute Zeiten, schlechte Zeiten* geht auch immer.

Die Lieblingsmusik

Musik ist gut, wenn es sülzt. Nur wenn die Schmalzrinne unter den Lautsprechern bis zum Rande vollläuft, kann Musik Stiere begeistern. Wer oder was dann singt, ist dem Stier egal. Sie hören mit Vorliebe Chris de Burgh, Robbie Williams, Jamie Cullum oder James Blunt. Auch Rosenstolz, Eros Ramazzotti und Sasha wären ohne Stiere nicht so hoch in den Charts.

Für ältere Stiere gilt: Ob Pop, Rock, Jazz, Oper oder Operette – Hauptsache, es muht. Trompeten, Posaunen, Alphörner oder Tuben klingen in Stier-Ohren irgendwie heimisch.

Das Reiseziel

Das Traumziel von Stieren sind die Alpenländer. Nirgends ist das Gras so frisch und würzig, nirgendwo sind Küche und Keller so deftig und reichhaltig, und wenn man Glück hat, trifft man vielleicht sogar Prominente: die lila Milka-Kuh aus der Werbung zum Beispiel.

Das Rauschmittel

Was der Bauer trinkt, kübelt auch das Rindvieh im Stall. Westfälische Stiere kippen Doppelkorn, bayerische zwitschern Zwetschgenwasser, norddeutsche Kühe und Bullen nehmen Köhm. Berliner Stiere wählen jeweils den angesagten »Urban Drink«, nach der Tequila-Phase kam der Hugo und heute ... Ach was, schauen Sie doch auf die Karte.

Die Ausrede

Wie sollte es anders sein? »Das hab' ich gar nicht bemerkt!« Es gibt dabei allerdings einen bedeutenden Unterschied zu den Ausreden anderer Sternzeichen: Meist ist die Ausrede gar keine – Stiere merken unglaublich wenig!

Die Leiche im Keller

Irgendwo im Leben eines jeden Stieres gibt es das ganz große Versäumnis – eine Entscheidung, die aus Trägheit oder Schwerfälligkeit nicht getroffen wurde, eine riesengroße Superchance, die der Stier durch stures Festhalten an der Norm versiebt hat. Er weiß es genau, und es ist sein wunder Punkt.

Die Glanztat

Ausgerechnet in Sachen Straßenbau hat sich die Stier-Dame Maria de' Medici (*26.4.1575) verewigt. Vermutlich weil ihr die unebenen Waldwege zu unbequem waren, befahl sie ihrem machtvollen Freund und Gönner, dem Marquis d'Ancre Concino Concini, durch den Wald bei Paris eine schnurgerade Straße bauen zu lassen – die Avenue des Champs-Elysées. Auch sonst war sie eine kluge Frau (unüblich für Stiere) und etwas träge (was wiederum eher zu ihrem Sternzeichen passt). Immerhin schaffte sie es, den französischen König Heinrich IV. (*13.12.1553, Schütze) zu heiraten und war, wie für ihresgleichen üblich, in zahllose Machenschaften und Intrigen verstrickt.

Der Flop

Das fragwürdige Vergnügen, eines der dreihundertvierundfünfzig unehelichen Kinder August des Starken zur Welt zu bringen, hatte die adlige Stier-Dame Aurora von Königsmarck (*28.4.1662). Sie war als Bittstellerin an den Hof gekommen, erlag aber wohl ziemlich flott den Bitten des Landesherrn. Als Aurora – aus Gründen des guten Tones – kurz vor der Geburt ihres Sohnes den Fürstensitz Dresden verließ, beging sie den entscheidenden Fehler: Mit dem Neugeborenen zurück, fand sie ihren Platz besetzt – August der Bärenstarke (übrigens ein Krebs ...) hatte schon die nächste Matratz... äh ... Mätresse angeschafft. Was weniger beweist, dass es Stier-Damen an Attraktivität fehlt, als dass August der Starke es ziemlich wild getrieben haben muss – den Damen anderer Sternzeichen erging es ebenso.

Der Bluff

Was von Horoskopen zu halten ist, zeigt das Beispiel des italienischen Ur-Satirikers Pietro Aretino (*20.4.1492). Absolut ungewöhnlich für einen Stier, verstand er es, alle Großen seiner Zeit mit seinen ätzenden Skandalgeschichten derartig zu nerven, dass sie ihn gut bezahlten, wenn er sie nicht veröffentlichte. Blieb die Knete seiner Gönner aus, schreckte er nicht einmal davor zurück, haarsträubende Gerüchte in die Welt zu setzen, die erstunken und erlogen – aber gut geschrieben – waren. Pietro Aretino ist sozusagen der Erfinder der öffentlichen Meinung, und er soll dabei nicht schlecht gelebt haben.

Dass die Eigenschaften der Person Pietro Aretino (Witz, Verstand, Ironie, Häme) nichts mit dem Charakter des Sternzeichens Stier zu tun haben, stört vermutlich die Astrologen nicht. Sie werden sich wieder mit irgendeinem abgefahrenen Aszendenten aus der Affäre ziehen. Das allerdings ist auch in einem zweiten Falle angeraten, denn ein weiterer hochbegabter Spinner ist ein S**tier**: Hieronymus von Münchhausen (*11.5.1720).

Die Liebe

Wilde Liebessprünge aus dem Stand sind nicht Sache dieses Rindviehs – Stiere brauchen schon eine Weile, um in

Schwung zu kommen. Aber auch dann ist feurige Leidenschaft nicht ihr Ding. Immerhin bieten sie ihrem Partner Schutz und Geborgenheit, aber das können auch Vati und Mutti oder eine gute Versicherung. Wenn Sie es gar nicht lassen können, versuchen Sie es ruhig einmal mit einem Stier-Partner. Hier ein paar vorbereitende Erläuterungen:

Stier-Männer

Sie sehen sich als leidenschaftliche Liebhaber voller Charme, Liebenswürdigkeit und Lebensart. Pustekuchen! Die Wahrheit sieht anders aus. Es bedarf schon mächtiger Sinnenreize, um einen Stier in Erregung zu versetzen. Die Dame, die sich unverständlicherweise in den Kopf gesetzt hat, einen Stier-Mann via Romantik zu erobern, muss schwere Geschütze auffahren: großkalibrige Weine (sogenannte »Unterrockstürmer«), sülzige Liebesarien von der Platte, Innendekorationen in Trend-Rot, Kamin und Kerzenlicht und penetrante Parfüms Typ »Koma«. Sonst merkt der Stier nicht, was sie von ihm will und sie balzt sich ohne jeden Erfolg einen ab. Stattdessen kann sie sich aber auch einfach ausziehen. Denn mächtig auf Touren kommt ein Stier-Mann, wenn ihm Nacktes geboten wird: Auf atemberaubende Kurven und wabernde Schwellungen steht er ungemein. Die sexuelle Potenz, die er, solchermaßen stimuliert, entwickeln kann, grenzt an Urgewalten.

Ebenso rastet der Stier-Mann aus, wenn er eifersüchtig wird. Stiere sind Liebhaber, die ihrem Partner auch dann noch treu und brav die Stange halten, wenn der ihnen längst Hörner aufgesetzt hat. Sollten sie dann endlich doch etwas gemerkt haben, gehen Stiere unglaublich eifersüchtig an die Decke und werden zum rasenden Monster.

Na denn, prost Mahlzeit! Auf einen ihrer Ausbrüche angesprochen, antworten Stiere meist, sie seien einfach zu gefühlsbetont und empfindsam. Gefühlsbetont wie ein Berserker. Empfindsam wie eine Dampframme. Wer die Gattin eines Stier-Mannes anbaggert und sich von diesem erwischen lässt, ist entweder lebensmüde, nicht ganz bei Verstand oder ein arbeitsloser Torero.

Aber keine Angst: Meist merken Stiere zuerst gar nichts, lassen sich tage- oder wochenlang mit dem Ring an der Nase herumführen und sich willig noch ein Paar Hörner aufsetzen. Wenn sie dann endlich raffen, dass sie geleimt worden sind, werden sie in ihrer blinden Wut zum Tier. Also Vorsicht! Sorgen Sie dafür, dass Ihr Stier bleibt, wie er ist: kindlich-naiv!

Im Übrigen ist der Stier-Mann der ideale Hausgenosse in Ehe und Partnerschaft. Solange er an die Treue seiner Partnerin glaubt, kann diese ihm auf der Nase herumtanzen.

Ihre alltäglichen Fehler und Absonderlichkeiten bemerkt er gar nicht. Er ist immer da, wenn er gebraucht wird, und wenn er einmal überflüssig sein sollte, lässt sich der Stier-Mann praktisch ohne jede Komplikation irgendwo abstellen, zum Beispiel vor dem Computer oder Fernseher.

Behalten Sie also Ihren Stier-Mann, der Ihnen irgendwie zugelaufen ist, ruhig eine Weile! Er ist pflegeleicht, genügsam und bereitet in der häuslichen Tierhaltung kaum Probleme.

Bis auf ein zweites Problem (neben der Eifersucht): Irgendwann in der Lebensmitte packt den männlichen Stier manchmal der Horror, er könne etwas versäumt haben, und er beginnt, wie von Sinnen herumzubaggern und das wilde Hähnchen zu markieren. Lassen Sie ihn nur machen – unter Einhaltung der anzuratenden Sicherheitsmaßnahmen, versteht sich. Er wird bald feststellen, dass er ein Stier und kein Hähnchen ist und tatsächlich nichts versäumt hat.

Überhaupt neigt der Stier in der festen Beziehung dazu, auf jeder Weide jede noch so dumme Kuh anzumachen. Auch hier gilt: gewähren lassen! Letztlich kommt er nur sehr selten über den Elektrozaun.

Stier-Frauen

Sie sind geduldig bis zum Phlegma, ertragen männliche Marotten ohne zu klagen und bemerken manche kleine Eskapade gar nicht. Sie sind ebenso pflegeleichte Lebensgefährten wie Stier-Männer – wie diese mit einigen Einschränkungen.

Macke Nr. 1: Was er in Sachen Eifersucht abzieht, versteht sie in Hinsicht auf die partnerschaftliche Auseinandersetzung ausgezeichnet: Ehekrach mit einer Stier-Frau ist absolute Spitzenklasse! Kaum eine Beziehungskrise mit Angehörigen anderer Sternzeichen verläuft derart explosiv. Denn wenn sie erst einmal etwas bemerkt, platzt ihr gleich der Kragen, und zwar richtig.

Macke Nr. 2: Stier-Frauen sehen sich nur zu gern als große Dame oder cooler Vamp. Aber ... warum lachen nur alle, wenn sie auf ihren Hufen ins »Ritz« schwebt? Die Zigarette in der Spitze erinnert in Ihrem Gesicht an einen Wurfpfeil in einem Kürbis. Schauen Sie nur ein einziges Mal in den Spiegel, liebe Stier-Frau! Sie sehen aus wie eine Kuh im Abendkleid!

Macke Nr. 3: Stier-Frauen sind über alle Maßen halsstarrig. Was sie sich einmal in den Kopf gesetzt haben, wird zur unverbrüchlichen Wahrheit, und wehe, wenn er sich erlaubt, gegen ihre Ansicht aufzustehen! Siehe Macke Nr. 1 – ein explosiver Krach reißt Haus und Hof nieder …

Macke Nr. 4: Stier-Frauen sind wählerisch. Während sie selbst aussehen wie Frankensteins Tochter, muss der Mann ihrer Wahl ein wahrer Adonis sein und wie eine gentechnologische Superzüchtung aus den Erbanlagen von George Clooney, Sky du Mont und Jon Bon Jovi anzusehen sein. Wenn der Schönling, den sie sich ausgeguckt hat, aber nicht will, versteht die Stier-Frau die Welt nicht mehr und guckt wie eine blöde Kuh. Viele von ihnen haben von diesem Tier übrigens die schönen, sanften Augen geerbt.

Die Anbaggerszene

Ein Mann oder eine Frau sitzt irgendwo in einer Ecke und starrt das Objekt seiner/ihrer Begierde mit traurigem Triefauge und tief vor Liebe aufseufzend an. Weiter geschieht nichts – wenn das Objekt der Begierde nicht von sich aus etwas unternimmt. Merkwürdigerweise unternehmen aber Angehörige anderer Sternzeichen recht häufig etwas, um einen Stier oder eine Stierin näher kennenzulernen. Warum, weiß kein Mensch …

Das Sex-Verhalten

Stiere lieben Sex in jeder Körperlage – Hauptsache, sie können hinterher bequem einschlafen. Der zur Körperfülle neigende Stier-Mann sollte deshalb nie den Platz oben einnehmen. Die ebenso zur Rubensfigur tendierende Stier-Dame ist meist so rund, dass sie nach vollbrachter Tat einfach herunterrollt.

Die Idealpartner

Stiere haben eine Vorliebe für gute Kleidung und lassen sich vom Aussehen anderer stark beeindrucken. Deshalb fallen Stiere in der Liebe oft auf Blender und Angeber herein. Die dümmste Tussi ist gerade gut genug, der geistesschwächste Typ reißt eine Stier-Frau vom Stuhl, wenn nur das Outfit stimmt. Unter dem Vorwand, auf Ästhetik zu stehen und einen ausgeprägten Sinn für gute Formen und schöne Dinge zu haben, befummeln männliche Stiere ständig irgendwelche Frauen. Weibliche Stiere lieben es, ihre zarten Händchen über schwellende Muskelpakete gleiten zu lassen und lungern deshalb nur zu gern an den Ausgängen von Baufirmen, Fitnessstudios und anderen Muskelpalästen herum. Schon wegen dieses ausgeprägten Tastbedürfnisses muss der Idealpartner des Stieres vor allem gut geformt und griffig sein. Das Sternzeichen ist – aus der Sicht des Stiers – völlig wurscht.

Um Irrtümern vorzubeugen – bei den folgenden Paaren geht es nicht um tatsächliche Konstellationen. Namen stehen nur für Typen und Charaktere. Wie sonst wären Paarungen über den Abgrund der Jahrhunderte hinweg denkbar? Doch die schwache Fantasie von uns Menschen braucht Anregungen, Vorstellungen, griffige Bilder, um zu funktionieren. Leider werden die meisten unserer Traumpaare in der Wirklichkeit nicht zueinander finden können.

Stier und Widder

Widder angeln sich gelegentlich einen Stier. Dass hektische Widder an den phlegmatischen Stieren schnell ausflippen können, liegt auf dem Huf. Andererseits haben Stiere gewisse innere und auch pekuniäre Werte, die durchaus nicht zu verachten sind. Ein Ehepartner mit dickem Bankkonto und einer unglaublich langen Leitung, was eheliche Treue angeht, kann schon sehr attraktiv sein. Auch verstehen es die wendigen Widder, die Eifersuchtsausbrüche von Stieren in die richtige Richtung zu lenken: Die Sache endet meist in einer Patt-Situation – Gehörn gegen Gehörn. Besonders der weibliche Stier (die Kuh?) hat einen ausgeprägten Sinn für die praktischen Dinge des Lebens. Dabei verliert sie allerdings oft den großen Zusammenhang. Während draußen der Atomkrieg tobt, tauen Stier-Frauen den Kühlschrank ab und planen akribisch die Haushaltsausgaben für den nächsten Monat.

Einer solchen etwas engstirnigen Weltsicht fügt der Widder als Partner eine schöne Komponente von Weitblick und Kreativität hinzu: Während draußen der Atomkrieg tobt, die Stier-Frau drinnen den Kühlschrank abtaut und akribisch die Haushaltsausgaben für den nächsten Monat plant, desinfiziert er draußen in der Gammastrahlung Socken und Unterwäsche und erspart ihr somit eine anstrengende große Wäsche. So einfallsreich und weitsichtig können Widder sein, die jeder Lage eine gute Seite abzugewinnen wissen.

Dennoch birgt die Verbindung von Widder und Stier ein gewisses Risiko – beide tragen Hörner. Das kann in Beziehungskrisen nachhaltige Folgen haben. Während der Widder leicht auf die Palme geht und im Rausch seiner aufbrausenden Wut irgend etwas kurz und klein schlägt, braucht der Stier länger, um in Rage zu geraten, tobt dafür aber nachher um so nachhaltiger und zerlegt in seinem Zerstörungsrausch alles, was der Widder übrig gelassen hat. Verbindungen von Widder und Stier sind also durchaus wirtschaftsfreundlich, kurbeln sie doch die Möbelindustrie deutlich an. Sind beider Hörner einmal abgestoßen, leben Widder und Stier friedlich und in Eintracht zusammen. Dann gibt es höchstens einmal Streit an der Futterkrippe oder um die Erziehung des Jungviehs.

Promi-Paar Stier-Widder: Carolin Kebekus (Stier) und Sheldon Cooper (Widder)

Realität oder Illusion? »Kein Mensch weiß mehr, dass ich eigentlich Jim Parsons heiße und nicht total durchgeknallt bin!« - »Ach, Sheldon, äh ... Jim, jetzt hör doch auf zu jammern. Auf jeden Fall hast du schon mal einen besseren Geschmack, was Frauen angeht, als dieser Sheldon.« Carolin tänzelt selbstbewusst durch das Loft in der Kölner Südstadt und zeigt ihre Reize. »Oder sehe ich aus wie meine Oma und spiele Harfe?« - »Das nicht, aber dass du ständig irgendwas Zweideutiges mit Pussy im Fernsehen treibst, steht nicht in unserer Mitbewohnervereinbarung! Das würde Amy Farrah Fowler nie machen. Und außerdem sitzt du immer auf meinem Platz!« - «Spießer! Und noch etwas ist ganz anders bei uns: In unserer Partnerschaft will *ich* keinen Sex - jedenfalls nicht mit dir!« Aber ansonsten sind sie ein Herz und eine Seele.

Stier und Stier

Ein Stier in einer Partnerschaft ist schlimm genug - zwei sind unerträglich. Die schlechten Eigenschaften potenzieren sich zu unerträglichen Belastungen - für die Umwelt, nicht für die Stiere. Aus Bedächtigkeit wird Stupor, aus Sparsamkeit Geiz, aus Bequemlichkeit wird Lethargie, aus dem Sinn für Häuslichkeit wird öder Alltagstrott. Einziger Vorteil der liebenden Verbindung zweier Stiere: Sie merken es nicht ...

Promi-Paar Stier-Stier: Claudia Roth (Stier) und Mark Zuckerberg (Stier)

Nein, die Beziehung steht unter keinem guten Stern. Er ist sauer darüber, dass sie ständig Selfies produziert und damit auch noch sein schönes soziales Netzwerk vollkleistert. Außerdem blockiert sie ständig das Telefon, weil sie mit einem Typen namens Hofreiter die Leitung weichquasselt. Glücklicherweise sieht man dabei seine Margarinehaare nicht. Sie ist stocksauer, wenn er morgens nicht aus den Federn kommt, arbeitet sie im Gegensatz zu ihm doch schon stundenlang an ihrer Strategie, Bundeskanzlerin zu werden.

Mark erschreckt sich jedes Mal zu Tode, wenn er den Fernseher einschaltet, ihr Gesicht auf dem Screen erscheint und sie wirre Statements zu jedem noch so belanglosen Weltgeschehen herausposaunt. So schön kann Fremdschämen sein. Zu allem Überfluss ist gestern auch noch ihr Kleiderschrank mit ihrer Sammlung von Nervenschock-Outfits durch die Decke runter in den Raum durchgebrochen, indem sie gemeinsam mit einem Typen namens Ötzi oder so Gras züchtet. Glücklicherweise kommt ja jeden Tag ein neues Paket vom Versandhandel »Klamotten, die sonst keiner kauft« bei ihr an.

Stier und Zwilling

Zwillinge stehen auf Stiere. Der Grund liegt darin, dass der Stier für den Zwilling einen geduldigen Zuhörer abgibt, der zwar nichts rafft, aber immerhin auch die verbalen Ergüsse des Zwillings nicht infrage stellt. Zudem bringen die leichtlebigen und verschwenderischen Zwillinge nur zu gern das gute Stier-Geld unter die Leute – am liebsten beim Glücksspiel.

Eigentlich sind Stiere für Zwillinge viel zu schwerfällig und umständlich. Ehe der Stier noch zu Ende gedacht hat, hat der Zwilling schon ganze Aktionen durchgeführt. Da der Stier nichts davon bemerkt, bleibt für ihn alles beim alten. Selig die Armen im Geiste ...

Promi-Paar Stier-Zwilling: Thomas Oppermann (Stier) und Heidi Klum (Zwilling)

Ja, sie mussten sich schon ein wenig zusammenraufen. Er geboren in der Schweinezucht-Metropole Freckenhorst, sie ein Kind der Skyline von Bergisch Gladbach (Nordrhein-Westfalen) – dazwischen liegen Welten. Als er um sie warb, musste er alles geben, denn sie kickte ihn ständig aus den Castings und erst im 13. Recall konnte er sie überzeugen – sie fand sein Foto im roten SPD-Parteibuch einfach zu niedlich. Seine Diäten als Abgeordneter reichen zwar kaum – solche Beträge shoppt die Fashion-Queen an einem Wochenende weg. Aber sie gewährt ihm ein großzügiges Taschengeld – prima! Ärger gibt es manchmal, wenn Thomas sich allzu sehr für eines von Germany's Next Topmodels interessiert. Dann verpasst sie ihm zur Strafe drei Wochenenden Laufstegtraining mit Bruce Darnell.

+++

Stier und Krebs

Krebse angeln sich nur zu gern einen Stier. Er kommt ihren Vorstellungen von Häuslichkeit entgegen, fügt sich ohne Bruch in die Ledersitzgruppe (Büffel?) ein und trägt widerspruchslos jedes noch so schockierende Schlafanzugsdesign. Die dumpfe Ochsenhaftigkeit des Stieres deuten Krebse als seelische Tiefe und geistige Größe, die ihnen ein Gefühl der häuslichen Geborgenheit gibt. Zudem hält der Stier die spießige Krebs-Küche nicht, wie Angehörige anderer Sternzeichen, für den letzten Schweinefraß, sondern isst klaglos und zufrieden grunzend alles auf. Eine schöne emotionale Basis.

Promi-Paar Stier-Krebs: David Beckham (Stier) und Anne-Sophie Mutter (Krebs)

Victoria hat er gesagt, dass er sie und die gemeinsamen vier Kinder nun für eine Weile verlassen müsse, um sich um sein Mütterchen zu kümmern, und sie hat das gern akzeptiert. So hat sie Zeit für ihr Comeback als »Old Spice«. Anne-Sophie sagt zärtlich Becky zu ihm und geigt ihn abends mit feurigen Zigeunerweisen in den Schlaf. Dafür dribbelt er ihr schon morgens vor dem Frühstück etwas mit seinen Lieblingsbällen vor. Feuer bekommt ihre Beziehung durch einen ganz persönlichen Wettstreit: Wer steht weiter oben? David auf der Rangliste internationaler Fußballabzocker oder Ann-Sophie in der Hitparade der Volksmusik? Nur wenn er wieder einmal kein einziges Tor geschossen hat, geigt sie ihm den Marsch.

++

Stier und Löwe

Zwar keine ideale Konstellation, denn die vitalen, durchsetzungsfähigen Löwen reizen das ungute aggressive Temperament der Stiere manchmal bis aufs Blut. Doch wertet die selbstsichere, gelassene Art des Löwen die sonst eher schlaffen alltäglichen Eigenschaften zu majestätischer Größe auf. Ein Stier, der träge auf einem Sessel sitzt, ist ein fauler Sack. Ein Stier, der gelassen neben einem Löwen thront, wird vermutlich eher als ruhig-gemessener Prinzgemahl mit feinsten Manieren gesehen. In einer Hinsicht gibt es von Anfang an Konfliktstoff: Die Art und Weise des Löwen, mit Geld umzugehen, reizt den Stier wie ein rotes Tuch. Hier hilft – wie häufig – Gütertrennung!

Promi-Paar Stier-Löwe: George Clooney (Stier) und Annegret Kramp-Karrenbauer (Löwe)

Er könnte jede haben, aber er wollte sie, obwohl es nicht ganz einfach war, Herrn Karrenbauer auszustechen. Doch seinem unwiderstehlichen Lächeln konnte auch sie nicht lange standhalten, und ihr Gatte erhielt zum Ausgleich einen dieser großartigen Kapselautomaten. Aus lauter Liebe bahnt er sich nun an jedem drehfreien Tag einen Weg durch die kreischenden Reihen seiner weiblichen Fans vom Flughafen bis zu ihrer gemeinsamen Kate in Saarbrücken, und wenn sie ihm die Slips und BHs aus den Haaren geklaubt, den Lippenstift weggewischt und den Hosenstall geschlossen hat, sehen sie sich gemeinsam einige ihrer besten Reden vor dem Bundestag an. Ganz ohne pharmazeutische Hilfsmittel folgt danach eine lange Nacht voller seligen Schlafs, meist schon auf dem Sofa vor dem Fernseher ... Ja, sie wirkt auf ihn wie eine Droge.

+++

Stier und Jungfrau

Jungfrauen stehen – weiß der Himmel warum – auf Stieren. Vermutlich weil der trockene Fachidiotenverstand der Jungfrau im manchmal weinerlich-überschäumenden Gemüt des Stiers seinen genauen Widerpart findet. Zudem lieben Jungfrauen neben dem Stier das Stier-Vermögen über alles. Erotisch gibt eine solche Verbindung nicht viel her. Beide sind, was Sex angeht, ausgesprochene Spätzünder und kochen auf Sparflamme. Auch versteht es die Jungfrau in ihrer vertrockneten Hirnigkeit nicht, seine animalischen Triebe zu wecken. Glücklicherweise bemerkt der eher stumpfe Stier meist auch nicht, was er sich da mit der Jungfrau eingefangen hat ...

Promi-Paar Stier-Jungfrau: Pierce Brosnan (Stier) und Gina-Lisa Lohfink (Jungfrau)

Wer hätte gedacht, dass sie Jungfrau ist? Alle deutschen Männer schwärmen von ihr, dem Supermodel und Medienwunder mit den Gummibootlippen, aber sie steht auf Piercing. Zwar muss sie mächtig Kohle ranschaffen, seit Pierce den Job als Superagent 007 abgeben musste, und auch den geilen Dienstwagen vermisst sie sehr. Er sieht die Angelegenheit gelassener, denn schließlich war er ja mal Sexiest Man Alive. Gut, das war 2001, aber wenn es mal hart auf hart kommt, kann er immer noch die Goldene Himbeere und die Goldene Kamera verkaufen – oder sie macht Werbespots für Silikon. Ja, die beiden ergänzen sich glänzend.

?

Stier und Waage

Für die eloquente, nach Übereinstimmung lechzende Waage stellt der stupide Stier ein Loch in der Schöpfung dar – bevor er überhaupt reagiert hat, ist die Waage schon auf dem nächsten Trip. Waagen nehmen daher Stiere meist überhaupt nicht wahr, es sei denn als leckeres Steak in der Pfanne. Stiere empfinden Waagen als quecksilbrige Windbeutel, die weder einen Augenblick lang stillsitzen noch ein anständiges Vermögen ansammeln können. Im Gegenteil: Waagen werfen das Geld mit vollen Händen zum Fenster hinaus. Sollte es trotz dieser Widersprüche dennoch zu einer liebenden Verbindung zwischen Waage und Stier kommen, geraten beide nur zu schnell in die Mühlen eines unerbittlichen Schicksals ...

Promi-Paar Stier-Waage: Barbara Hendricks (Stier) und Henry John Heinz (Waage)

Was hat sie ihm, dem Erfinder des Ketchups, eigentlich zu bieten? Sie steht auf Frauen, ernährt sich vegetarisch und wird sich sicher nicht seine geniale rote Soße über die Dinkel-Soja-Wurst gießen. Seine Millionen braucht sie nicht, denn als Bundesministerin für Umwelt, Naturschutz, Bau und Reaktorsicherheit ist sie sicher gut versorgt, aber offenbar auch sehr gestresst – nicht nur Henry John ist bereits beim ersten Treffen aufgefallen, dass sie immer total fertig aussieht, und das trotz ihrer gesunden Lebensweise ohne Ketchup, oder gerade wegen? Und da gibt es noch ein kleines Problem: Sie hat ihn total ignoriert, als er ihr eine Kopfsteher-Squeezeflasche seines neuen Bio-Ketchups als Gruß zugesandt hat ... Jetzt flirtet er mit Herta Heuwer (Krebs), der Erfinderin der Currywurst, und erhofft sich davon bessere Chancen.

?

Stier und Skorpion

Mit Skorpion und Stier prallen zwei unglaubliche Sturköpfe aufeinander. Das kann zu gemeinsamer Euphorie führen – nämlich dann, wenn beide Sturköpfe sich gegen einen Gegner solidarisieren können. Stier-Skorpion-Lieben werden besonders dann glücklich und zufrieden, wenn alle anderen, besonders die Eltern des liebenden Paares, dagegen sind. So viel Widerstand stachelt den Starrsinn und die Liebe zu höchster Blüte an.

Aber wehe, wenn Stier und Skorpion gegeneinander losgelassen werden! Beide besitzen ein Potential an Eifersucht, das die Waffenarsenale der Großmächte an Vernichtungskraft um einiges übertrifft. Die widerlichen Skorpione löchern Stiere solange mit wohldosierter Desinformation, bis sie einen ihrer gefürchteten Wut- und Eifersuchtsausbrüche bekommen. Umgekehrt kann der Stier den Skorpion durch kleine Sticheleien so unberechenbar und rachsüchtig machen, dass dieser ohne zu zögern seinen Giftstachel ausfährt …

Promi-Paar Stier-Skorpion: Cate Blanchett (Stier) und Pablo Picasso (Skorpion)

»Ein Hobbit ist ja eine Schönheit gegen mich!« Cate ist stinksauer, denn Pablos Porträt gefällt ihr ganz und gar nicht. Stundenlang sitzt sie Modell, und was kommt dabei raus? »Nicht mal erkennen kann man mich! Drei Augen, vier Haare! Und blond bin ich auch nicht auf dem Machwerk! Das soll Kunst sein? Ich werd' noch wahnsinnig!« – »Unsterblich, mein Schatz, unsterblich!«, meint der Altmeister aller Pinselschwinger. Gekonnt malt er ihr noch einen schicken expressionistischen Höcker auf den Rücken. »Und jetzt zieh dir bitte die Spitzenwäsche über. Ich komme gerade in meine rosa Phase!« ›Der Typ wird ja jeden Tag jünger, fast so wie dieser Benjamin Button‹, denkt sich Cate. Dreiundzwanzig fertige Ölschinken warten schon im Ölkeller auf den Auktionator. Und wenn der Postbote heute endlich den neuen Ölmalkasten vom Lotto-Versand bringt, wird Pablo sicher wieder die ganze Nacht durchpinseln.

Stier und Schütze

Weder die Reiselust des Schützen noch seine Unrast und sein Hang zur Selbstüberschätzung lassen den Stier eine Verbindung zu diesem Sternzeichen anstreben. Außerdem ist der unkonventionelle Schütze dem spießigen Stier in vieler Hinsicht viel zu ausgeflippt. Die immer wissbegierigen und vielseitigen Schützen nehmen die trägen Stiere für gewöhnlich überhaupt nicht wahr – es sei denn als Zielobjekt für Schießübungen. Sollte es dennoch mal zu gewissen erotischen Verwicklungen kommen, liegen die Gründe für fiesen Knatsch auf der Hand: Dem Stier wird ganz schlecht, wenn er den Schützen das Geld mit vollen Händen für irgendwelchen Tinnef aus dem Fenster werfen sieht. Und dem Schützen dreht sich erst recht der Magen um, wenn er den Stier auf der ersten gemeinsamen Auslandsreise nach heimischer Küche jammern hört ...

Promi-Paar Stier-Schütze: Sascha Lobo (Stier) und Amy Farrah Fowler (Schütze)

Sascha weiß, dass sie eigentlich Mayim Bialik heißt und Schauspielerin ist, aber in der Rolle der obskuren Neurobiologin aus *The Big Bang Theory* gefällt sie ihm deutlich besser. Diese Ausstrahlung, dieser Style … voll der Punk! Sie hat längst vergessen, wer sie im Privatleben ist, forscht auch außerakademisch über das Triebleben und den Drogenkonsum von Primaten und ist dabei eben irgendwann auf Sascha gestoßen, weil sie seine Frisur einfach hocherotisch fand und er im Gegensatz zu Sheldon nicht als Apostel der Triebverzichtskirche gelten kann. Außerdem nahm er bereits 2009 am Wettbewerb »Die 100 peinlichsten Berliner« der Zeitschrift *TIP* teil – Respekt! Zur Krise kommt es immer wieder, wenn er in Talkshows oder zu Hause die Rolle des Experten für das Internet, die Gesellschaft, die Welt und überhaupt absolut alles darüber hinaus spielt. Dann sagt er Sätze wie: »Erklären wir den vordigital Geprägten, dass sie herzlich eingeladen sind, teilzuhaben am digitalen Leben.« Irgendwie gruselig, findet Amy respektive Mayim …

+++

Stier und Steinbock

Eine sehr stille Verbindung – der mundfaule Stier und der schweigsame Steinbock verstehen sich auch ohne Worte; für die Umwelt oft etwas öde. Oder aber extrem nervend, denn Stier und Steinbock ergeben gemeinsam eine Anhäufung an Starrsinn, die jede kritische Masse weit überschreitet. Zudem ist die genannte Paarung eine Vernunftverbindung: Steinböcke sind strebsam, ehrgeizig, fleißig und bescheiden bis zum Geiz, und dazu kommt das ungewöhnlich erotische Verhältnis des Stieres zum Geld. Eigentlich keine Liebesverbindung, sondern eher eine Firma mit besten Profitaussichten, zumal der misstrauische Steinbock dem Stier auch noch finanziell auf die Finger sieht …

Promi-Paar Stier-Steinbock: Jack Nicholson (Stier) und Janis Joplin (Steinbock)

Janis hat die Aufforderung ihres Astrologen ernst genommen, die für jeden Steinbock gilt: Lernen Sie es, das Leben in vollen Zügen zu genießen! Es gibt mehr als Karriere und

Beruf! Jetzt kübelt sie täglich drei Flaschen Chivas Regal und zieht im Mercedes Benz mit Bobby McGee und seinen Freunden durch die Lokale der Stadt. Jack freut sich, dass seine Gattin das enge Korsett ihres Charakters gesprengt hat. Mit für sein Sternzeichen erstaunlichem Gleichmut betrachtet der Herr der tausend Fratzen ihr emotionales Aufleben und sucht sich selbst anderweitig Entspannung, zum Beispiel bei den Hexen von Eastwick oder er schaut mal bei den Prizzis rein. Wenn ihn aufkeimende Eifersucht beschleicht, ruft er bei der Plattenfirma an und lässt sich die letzten Verkaufszahlen ihrer Platten durchgeben. Dann atmet er befreit auf ...

??

Stier und Wassermann

Zuerst einmal ist fraglich, ob der Wassermann überhaupt die Nerven hat, das Werberitual durchzustehen. Bis der Stier merkt, dass der Wassermann erotisch was von ihm will, leidet der aller Wahrscheinlichkeit nach schon an Reizmangel und hat sich neuen Liebesobjekten zugewandt. Gelingt der Werbeakt, geht der Ärger los: Den ersten Zoff gibt es zwischen Stier und Wassermann, weil der Wassermann dem oft völlig abgeschlafften Stier die

Hölle heiß macht und ihn ständig zu irgendeiner öffentlichen Veranstaltung oder in die Kneipe schleppen will, während der Stier nichts Schöneres kennt, als zu Hause in seinen Pantoffeln zu stehen und zu sterben und irgendeine doofe Einrichtungsshow zu gucken. Und mit dieser Art Häuslichkeit haben Wassermänner nicht das Geringste an der Mütze. Zudem sind Stiere für Wassermann-Partner in ihren Ansichten einfach so altbacken wie die Brötchen von gestern. Ebenso wenig lieben Stiere das gesellig-besoffene »Nightlife«, das Wassermänner bis zum Exzess führen. Keine Chance für diese Paarung – Pleite auf der ganzen Linie!

Promi-Paar Stier-Wassermann: Karl Marx (Stier) und Shakira (Wassermann)

»Jetzt lass doch endlich mal die Finger von diesem verdammten Klassenkampf, Karl! Das ist doch völlig out!« Nein, mit Karl ist schon seit Monaten nichts mehr anzufangen. Der schlaffe alte Spießbürger hockt wieder nur über Büchern, brütet mit seinem Spezi Friedrich irgendwelche neuen Börsentheorien aus und kritzelt teures Papier mit seinen unmaßgeblichen Ansichten voll. Im Einkaufscenter waren sie schon seit Wochen nicht mehr, und wenn Shakira nicht einfach allein shoppen ginge, würden ihr nur noch Fetzen am Körper hängen. Zum Glück verkaufen sich seine merkwürdigen Bücher gut, und es ist immer Kapital in der Haushaltskasse. Aber nicht nur das Sein bestimmt das Bewusstsein. Wenn Karl diese Woche nicht mit ihr zum Human-Akustiker geht und ihre Kieksstimme reparieren lässt, ist es bald zu Ende mit ihrer Gesangskarriere ...

+++ (???)

Stier und Fische

Fische angeln sich gelegentlich einen Stier. Sie wissen, warum. Die haltlosen Wasserwesen finden nicht nur Wärme und Geborgenheit, sondern häufig auch Bares auf der hohen Kante. Und das können Fische immer brauchen. Stiere lieben an Fischen den Hauch des Verworfenen, Verruchten, die Eleganz der Dekadenz, die ihnen selbst so völlig abgeht. Nur zu gern stürzen sich Stiere in die lockenden Gefühlstiefen der Fische; sie selbst als Rindviecher kommen ohne diese Hilfe emotional nicht über die grüne Wiese hinaus.

Promi-Paar Stier-Fische: Ranga Yogeshwar (Stier) und Barbara Schöneberger (Fische)

»Mein Ranga kann alles und weiß alles!« Barbara hat ihr Lexikon verbrannt und den Wikipedia-Link gelöscht, seit sie mit Ranga zusammen ist – nicht umsonst arbeitet er ja beim Besserwisser-Fernsehen. Schon erstaunlich, an manchen Tagen waten sie in ihrer Wohnung knietief in Wissen, und in der Garage hat er noch einige Kubikmeter tieferer Erkenntnis gelagert. Doch die Bewunderung ist nicht einseitig, sondern die Grundlage ihrer Beziehung: »Was du nicht so alles wegmoderierst!«, schmeichelt Ranga seiner kuhäugigen Schönen. »Wer nicht bei drei auf den Bäumen ist ...« – »... der wird Teil der omnipräsenten Talkshow, lieber Briefträger, ich freue mich, Sie hier in unserer Wohnung als ersten Besucher dieses Tages zu begrüßen, Millionen Zuschauer in In- und Ausland haben auf Sie gewartet ...«. Da, sie tut es schon wieder, dabei wollte der Postbote doch nur das Päckchen mit dem Nobelpreis für Ranga abgeben ...

Berühmt-berüchtigte Stiere

20.4.1808	Napoleon III.
20.4.1893	Harold Lloyd (Komiker aus der Stummfilmzeit)
20.4.1893	Joan Miró (Maler)
21.4.1926	Elisabeth II. von England
21.4.1947	Iggy Pop (Vater des Punk)
22.4.1724	Immanuel Kant (Philosoph)
22.4.1870	Wladimir Iljitsch Lenin (Diktator)
22.4.1904	Robert Oppenheimer (einer der »Väter« der Atombombe)
22.4.1916	Yehudi Menuhin (Geigenvirtuose)
22.4.1936	Glen Campbell (Astronaut)
22.4.1937	Jack Nicholson (Schauspieler)
22.4.1939	Theo Waigel (Ex-Bundesfinanzminister)
22.4.1950	Peter Frampton (Rockmusiker)
23.4.1775	William Turner (Maler)
23.4.1858	Max Planck
23.4.1896	Charlie Rivel (Clown)
23.4.1928	Shirley Temple (Schauspielerin)
23.4.1936	Roy Orbison (Ex- Eagles)

23.4.1961	Dirk Bach
23.4.1995	Gigi Hadid (Model)
24.4.1909	Bernhard Grzimek (Urvater des Zoo-Fernsehens)
24.4.1934	Shirley Maclaine (Schauspielerin)
24.4.1942	Barbra Streisand (Sängerin und Schauspielerin)
25.4.1917	Ella Fitzgerald (Sängerin)
25.4.1947	Johan Cruyff (Fußballer)
25.4.1969	Renée Zellweger (Schauspielerin)
26.4.1980	Channing Tatum (Schauspieler)
27.4.1791	Samuel F. B. Morse (Erfinder des Morse-Alphabeths)
27.4.1921	Hans-Joachim Kulenkampff (Moderator)
27.4.1932	Anouk Aimée (Schauspielerin)
27.4.1954	Thomas Oppermann (Politiker, SPD)
28.4.1913	Ludwig Eckes (Getränkeunternehmer)
30.4.1929	Klausjürgen Wussow (Schauspieler)
28.4.1981	Jessica Alba (*Dark Angel*)
29.4.1952	Barbara Hendricks (Umwelt usw.)
29.4.1968	Michael »Bully« Herbig (Comedian)
29.4.1970	Andre Agassi (Tennis-Ass)
30.4.1968	Verona Pooth
30.4.1975	Johnny Galecki (Leonard Hofstadter *The Big Bang Theory*)

30.4.1981	Kunal Nayyar (Rajesh Koothrappali *The Big Bang Theory*)
30.4.1982	Kirsten Dunst (Schauspielerin)
2.5.1936	Engelbert (»The Last Waltz«)
2.5.1975	David Beckham
3.5.1904	Bing Crosby (»White Christmas!«)
3.5.1966	Katrin Göring-Eckardt (Es grünt so grün ...)
3.5.1928	James Brown (US-Soul-King)
5.5.1818	Karl Marx (*Das Kommunistische Manifest*)
5.5.1988	Adele (Sängerin)
6.5.1961	George Clooney (Schauspieler und Frauenschwarm)
6.5.1980	Wolke Hegenbarth (Schauspielerin)
7.5.1758	Robespierre (Revolutionär)
9.5.1980	Carolin Kebekus (Pussy-Terror)
10.5.1957	Sid Vicious (Sex Pistols)
10.5.1960	Bono Vox (U2)
11.5.1921	Hildegard Hamm-Brücher (FDP)
11.5.1941	Eric Burdon (»The House of the Rising Sun«)
11.5.1975	Sascha Lobo (Spätpunk)
12.5.1948	Steve Winwood (»Higher Love«)
13.5.1950	Stevie Wonder (»I just called...«)
13.5.1986	Robert Pattinson (Schauspieler)
14.5.1943	Jack Bruce (Cream)

14.5.1952	David Byrne (Talking Heads)
14.5.1961	Ulrike Folkerts (TV-Kommissarin)
14.5.1969	Cate Blanchett
14.5.1984	Mark Zuckerberg
15.5.1948	Brian Eno (Roxy Music)
15.5.1953	Mike Oldfield (*Tubular Bells*)
15.5.1955	Claudia Roth
16.5.1919	Liberace (Entertainer)
16.5.1953	Pierce Brosnan (James Bond Nr. 5)
16.5.1986	Megan Fox (Schauspielerin)
17.5.1946	Udo Lindenberg (Panikorchester)
17.5.1948	Winfried Kretschmann (Vaterfigur, grün)
17.5.1926	Dietmar Schönherr (u.a. Talkmaster)
18.5.1920	Johannes Paul II.
18.5.1950	Thomas Gottschalk
18.5.1959	Ranga Yogeshwar (Wissenschaftsguru)
19.5.1992	Sam Smith (Singer/Songwriter)
20.5.1946	Cher (früher Prototyp der plastischen Chirurgie)